머리말

아직도 1994년 1월 그날의 기억이 생생합니다. 중국어를 배우겠다고 처음 중국어학원의 문을 두드렸던 날인데요. 당시 외국어라면 중·고등학교를 다니면서 배웠던 영어가 전부였던 건 비단 저뿐만이 아니었을 겁니다. 기대 반 걱정 반으로 처음 참여한 중국어 수업은 무척 새로웠고, 흥미로웠습니다. 흔히 공부라고 하면 책상에 앉아 책을 펴놓고, 펜으로 밑줄을 그어가며 집중하는 모습을 떠올리게 됩니다. 그러나 선생님께서 무려 구천 원이나 주고 산 교재를 과감히 덮어두라고 하시더니, 그저 선생님의 중국어를 큰 소리로 따라 하라고 하셨습니다. 그러고는 당시 워크맨 혹은 마이마이로 불리던 소형 녹음기에 수업 내용을 녹음해 듣는 것을 숙제로 내주셨는데, 이것만큼은 학생들이 귀찮게 느낄 정도로 꼼꼼하게 챙기셨습니다. 이렇게 매일 45분 동안 어미 오리 뒤를 졸졸 따라다니는 새끼 오리처

럼 중국어를 따라 했습니다. 결과는 충격이었습니다. 4개월간의 '중국어 따라 하기'를 마치고 중국에 갔는데, 어설픈 중국어를 나도 모르게 입 밖으로 내뱉게 되었고, 또 그것을 알아듣는 중국인이 있었거든요. 그 후의 이야기는 말씀드리지 않아도 되겠지요? 이 책은 바로 이러한 '중국어 학습 성공기'를 바탕으로 만들어졌습니다. 많은 분들이 이 책을 통해 중국어로 입이 트이는 기적을 경험할 수 있기를 바랍니다. 끝으로 이 책이 나오기까지 많은 도움을 주신 분들께 감사를 표합니다.

홍상욱 올림

목차

DAY 1 그녀는 키가 크다 06

DAY 2 그는 친구가 많다 14

DAY 3 오늘 바빠요? 22

DAY 4 가는 데 얼마나 걸리죠? 30

DAY 5 중국어는 배우기 쉬워요 38

DAY 6 엄마는 매일 드라마를 봐요 46

DAY 7 나 좀 집에 데려다줄래? 54

DAY 8 묻고 싶은 게 있어요 62

DAY 9 우리 어디로 갈까? 70

DAY 10 너 오늘 퇴근 후에 시간 있니? 78

- DAY 11 주말에 뭐했어? 86
- DAY 12 중국에 가본 적 있나요? 94
- DAY 13 걔 남자친구 있어? 102
- DAY 14 밥 먹고 있어요 110
- DAY 15 좀 싸게 해줄 수 없나요? 118
- DAY 16 배고파 죽겠어요 126
- DAY 17 준비됐나요? 134
- DAY 18 천천히 가세요! 142
- DAY 19 제 여자친구는 저보다 키가 커요 150
- DAY 20 한입만 먹어도 될까요? 158

간체자와 번체자

간체자(簡体字)

복잡한 한자를 간단하게 변형시킨 한자로 중국 대륙과 싱가포르, 말레이시아 등지에서 사용된다.

번체자(繁体字)

본래의 복잡한 한자로 한국과 대만, 홍콩 등지에서 사용된다.

간체자는 번체자에서 왔지만 서로 차이가 적지 않아 별도의 글자로 볼 수 있을 정도로 대만, 홍콩을 비롯한 일부 지역에서는 간체자를 비판하며 번체자 사용을 고수하고 있다. 때문에 같은 한자라고 해도 간체자와 번체자를 혼용하지 않는다. 그러나 전체적으로는 간체자가 대세라고 할 수 있다.

쓰기

현대 중국어에서 가장 자주 쓰이는 낱말을 빈도순으로 정리하여 총 100자의 한자를 엄선했습니다. 한자는 정해진 필순에 따라 쓰면 쓰기도 편리하고, 보기 좋은 글씨가 됩니다. 정확한 필순에 따라 쓰는 연습을 해봅시다.

DAY 1

그녀는 키가 크다

▼▼▼▼
학습목표
___
형용사 高, 低, 矮, 大, 小를 활용한 다양한 표현을 배웁니다.

STEP 01 단어 큰 소리로 단어를 읽어 봅시다

- 个子 gèzi 키
- 高 gāo 크다
- 矮 ǎi 작다
- 非常 fēicháng 매우
- 水平 shuǐpíng 수준·실력
- 低 dī 낮다
- 工资 gōngzī 월급
- 米 mǐ 미터
- 楼 lóu 건물
- 鼻子 bízi 코

- 所以 suǒyǐ 그래서
- 房间 fángjiān 방
- 声音 shēngyīn 목소리
- 刮风 guāfēng 바람이 불다
- 压力 yālì 스트레스
- 休息 xiūxi 쉬다
- 比 bǐ ~보다
- 同 tóng 같다

STEP 02

문장 큰 소리로 문장을 읽어 봅시다

- 그녀는 키가 크다.
- 그는 키가 작다.

- 오늘 온도가 매우 높다.
- 그의 중국어 수준은 낮다.

- 내 월급은 너무 적다.
- 그의 월급은 매우 많다.

▷ Tā gèzi hěn gāo.
▷ Tā gèzi hěn ǎi.

▷ Jīntiān wēndù fēicháng gāo.
▷ Tā de Hànyǔ shuǐpíng hěn dī.

▷ Wǒ de gōngzī tài dī le.
▷ Tā de gōngzī fēicháng gāo.

① 她个子很高。　② 他个子很矮。　③ 今天温度非常高。
④ 他的汉语水平很低。　⑤ 我的工资太低了。　⑥ 他的工资非常高。

STEP 03 문장 큰 소리로 문장을 읽어 봅시다

- 너는 키가 몇이니?
- 1미터 70.

- 이 건물은 높다.
- 서울에서 이 건물이 가장 높다.

- 그녀의 코는 높다.
- 그래서 예쁘다.

▷ Nǐ de gèzi duō gāo?
▷ Yī mǐ qīlíng.

▷ Zhège lóu hěn gāo.
▷ Zài Shǒu'ěr, zhège lóu shì zuì gāo de.

▷ Tā de bízi hěn gāo.
▷ Suǒyǐ hěn piàoliang.

① 你的个子多高? ② 1米70。 ③ 这个楼很高。
④ 在首尔，这个楼是最高的。 ⑤ 她的鼻子很高。 ⑥ 所以很漂亮。

STEP 04 문장 큰 소리로 문장을 읽어 봅시다

- 네 방 정말 크다.
- 내 방은 작다.

- 그의 목소리는 매우 크다.
- 내가 산 사과는 작다.

- 비가 세차게 내린다.
- 바람이 세게 분다.

▷ Nǐ de fángjiān zhēn dà.
▷ Wǒ de fángjiān hěn xiǎo.

▷ Tā de shēngyīn fēicháng dà.
▷ Wǒ mǎi de píngguǒ hěn xiǎo.

▷ Xià dàyǔ.
▷ Guā dàfēng.

① 你的房间真大。 ② 我的房间很小。 ③ 他的声音非常大。
④ 我买的苹果很小。 ⑤ 下大雨。 ⑥ 刮大风。

DAY 1 그녀는 키가 크다

STEP 05

문장 큰 소리로 문장을 읽어 봅시다

- 요새 업무 스트레스가 심하다.
- 좀 쉬어.

- 누가 더 나이가 많아?
- 그가 나보다 두 살 어려.

- 너는 그녀보다 몇 살 많아?
- 우리 둘은 동갑이야.

▷ Zuìjìn gōngzuò yālì hěn dà.
▷ Nǐ xiūxi yíxià.

▷ Nǐmen shéi gèng dà?
▷ Tā bǐ wǒ xiǎo liǎng suì.

▷ Nǐ bǐ tā dà jǐ suì?
▷ Wǒmen liǎng ge rén tóngsuì.

① 最近工作压力很大。　② 你休息一下。　③ 你们谁更大?
④ 他比我小两岁。　⑤ 你比她大几岁?　⑥ 我们两个人同岁。

STEP 06 쓰기 필순에 따라 한자를 써봅시다

| 的 de ~의 것 | 的的的的的的的的 |
| | 的 的 |

| 一 yī 하나, 첫째 | 一 |
| | 一 一 |

| 了 le 끝나다 | 了了 |
| | 了 了 |

| 是 shì ~이다 | 是是是是是是是是是 |
| | 是 是 |

| 不 bù ~않다 | 不不不不 |
| | 不 不 |

DAY 1 그녀는 키가 크다

DAY 2

그는 친구가 많다

▼▼▼▼
학습목표

형용사 多, 少를 활용한 다양한 표현을 배웁니다.

STEP 01 단어 큰 소리로 단어를 읽어 봅시다

- 年纪 niánjì 연세·나이
- 一共 yígòng 모두
- 花 huā 쓰다
- 钱 qián 돈
- 病 bìng 병
- 离 lí ~로부터
- 远 yuǎn 멀다
- 公里 gōnglǐ 킬로미터
- 午饭 wǔfàn 점심
- 少 shǎo 약간

- 外边 wàibian 밖
- 穿 chuān 입다
- 风景 fēngjǐng 풍경
- 考上 kǎoshàng 합격하다
- 公园 gōngyuán 공원
- 客人 kèrén 손님
- 粉丝 fěnsī 팬

STEP 02

문장 큰 소리로 문장을 읽어 봅시다

- 그는 친구가 많다.
- 그의 친구는 많다.

- 왕 선생님은 올해 연세가 어떻게 되세요?
- 그는 올해 53세입니다.

- 나 많이 먹었어.
- 총 50위안을 넘게 썼네.

▷ Tā yǒu hěn duō péngyou.
▷ Tā de péngyou hěn duō.

▷ Wáng lǎoshī jīnnián duō dà niánjì le?
▷ Tā jīnnián wǔshísān suì le.

▷ Wǒ chī duō le.
▷ Yígòng huā le wǔshí duō kuài.

① 他有很多朋友。 ② 他的朋友很多。 ③ 王老师今年多大年纪了?
④ 他今年53岁了。 ⑤ 我吃多了。 ⑥ 一共花了五十多块。

STEP 03

문장 큰 소리로 문장을 읽어 봅시다

- 그는 돈이 많니?
- 그는 돈이 많아.

- 괜찮아? 나아졌어?
- 아픈 데가 많이 나아졌어.

- 여기서 얼마나 멀어?
- 여기서 3km 떨어져 있어.

▶ Tā qián duō ma?
▶ Tā yǒu hěn duō qián.

▶ Nǐ hǎo ma?
▶ Wǒ de bìng hǎo duō le.

▶ Lí zhèr yǒu duō yuǎn?
▶ Lí zhèr sān gōnglǐ.

1. 他钱多吗?
2. 他有很多钱。
3. 你好吗?
4. 我的病好多了。
5. 离这儿有多远?
6. 离这儿三公里。

STEP 04

문장 큰 소리로 문장을 읽어 봅시다

- 점심때도 못 먹었는데 좀 많이 먹어.
- 술은 조금만 마셔.
- 밖에 추우니까 옷을 좀 더 입어.
- 경치가 얼마나 아름답니.
- 네 아이가 대학에 합격하니 얼마나 좋아!
- 이거 얼마예요?

▷ Wǔfàn yě méi chī, nǐ duō chī diǎnr.
▷ Shǎo hē yìdiǎn jiǔ.
▷ Wàibian hěn lěng, nǐ duō chuān yìdiǎnr yīfu.
▷ Fēngjǐng duō piàoliang.
▷ Nǐ de háizi kǎoshàng le dàxué, duō hǎo a!
▷ Zhège duōshao qián?

① 午饭也没吃, 你多吃点儿。　② 少喝一点酒。　③ 外边很冷, 你多穿一点儿衣服。
④ 风景多漂亮。　⑤ 你的孩子考上了大学, 多好啊!　⑥ 这个多少钱?

STEP 05

문장 큰 소리로 문장을 읽어 봅시다

- 공원에 사람이 적다.
- 시간이 너무 없다.

- 손님이 적지 않죠?
- 그의 팬은 적지 않아.

- 걔 친구 많아?
- 걔 친구 적지 않아.

▷ Gōngyuán lǐ rén hěn shǎo.
▷ Shíjiān tài shǎo le.

▷ Kèrén bù shǎo ba?
▷ Tā de fěnsī bù shǎo.

▷ Tā de péngyou duō ma?
▷ Tā de péngyou bù shǎo.

① 公园里人很少。　② 时间太少了。　③ 客人不少吧?
④ 他的粉丝不少。　⑤ 他的朋友多吗?　⑥ 他的朋友不少。

STEP 06 쓰기 필순에 따라 한자를 써봅시다

| 我 wǒ 나 | 我 我 我 我 我 我 我 |
| | 我 我 |

| 在 zài ~에 있다 | 在 在 在 在 在 在 |
| | 在 在 |

| 有 yǒu 가지고 있다 | 有 有 有 有 有 有 |
| | 有 有 |

| 人 rén 사람 | 人 人 |
| | 人 人 |

| 这 zhè 이, 이것 | 这 这 这 这 这 这 这 |
| | 这 这 |

DAY 2 그는 친구가 많다

DAY 3

오늘 바빠요?

학습목표

형용사 快, 慢, 累, 忙을 활용한 다양한 표현을 배웁니다.

STEP 01 단어 큰 소리로 단어를 읽어 봅시다

- 快 kuài 빠르다
- 地铁 dìtiě 지하철
- 公共汽车 gōnggòngqìchē 버스
- 慢 màn 느리다
- 起床 qǐchuáng 일어나다
- 跑 pǎo 뛰다
- 晚 wǎn 늦다
- 睡觉 shuìjiào 잠을 자다
- 快…了 kuài…le 곧~하다
- 表 biǎo 시계

- 累 lèi 힘들다
- 路 lù 길
- 事情 shìqing 일·사정
- …死了 …sǐle ~해 죽겠다
- 特别 tèbié 매우·특히

STEP 02

문장 큰 소리로 문장을 읽어 봅시다

- 비행기는 빠르다.
- 지하철은 빠르고, 버스는 느리다.

- 빨리 빨리 빨리, 얼른 일어나!
- 살펴 가세요.

- 달리기 빠르다 빨라!
- 시간이 늦었으니 빨리 자!

▷ Fēijī hěn kuài.

▷ Dìtiě kuài, gōnggòngqìchē màn.

▷ Kuài kuài kuài, kuài qǐchuáng!

▷ Màn zǒu.

▷ Pǎo de kuài, pǎo de kuài!

▷ Shíjiān hěn wǎn le, kuài shuìjiào ba!

① 飞机很快。 ② 地铁快，公共汽车慢。 ③ 快快快，快起床！
④ 慢走。 ⑤ 跑得快，跑得快！ ⑥ 时间很晚了，快睡觉吧！

STEP 03

문장 큰 소리로 문장을 읽어 봅시다

- 중국어 배운 지 몇 달 되었나요?
- 반년이 되어 갑니다.

- 너무 빠른 거 아니에요?
- 좀 천천히 먹어요.

- 천천히 오세요.
- 제 시계는 5분 느려요.

▷ Xué Hànyǔ jǐ ge yuè le?
▷ Kuài bàn nián le.

▷ Shì bu shì tài kuài le?
▷ Màn diǎnr chī.

▷ Mànmānr lái ba.
▷ Wǒ de biǎo màn le wǔ fēnzhōng.

1. 学汉语几个月了?
2. 快半年了。
3. 是不是太快了?
4. 慢点儿吃。
5. 慢慢儿来吧。
6. 我的表慢了五分钟。

STEP 04

문장 큰 소리로 문장을 읽어 봅시다

- 힘들지 않아요?
- 오느라 힘들었죠?

- 별로 힘들지 않았어요.
- 전혀 힘들지 않아요.

- 오늘 일이 많아서 너무 힘드네요.

- 힘들어 죽겠어요.

▷ Nǐ lèi bu lèi?
▷ Lái de lù shang lèi ba?

▷ Bú tài lèi.
▷ Yìdiǎnr yě bú lèi.

▷ Jīntiān shìqing hěn duō, fēicháng lèi.
▷ Lèi sǐ le.

① 你累不累? ② 来的路上累吧? ③ 不太累。
④ 一点儿也不累。 ⑤ 今天事情很多, 非常累。 ⑥ 累死了。

STEP 05 문장 큰 소리로 문장을 읽어 봅시다

○ 오늘 바빠요?
○ 요즘 바빠요.

▷ Jīntiān máng ma?
▷ Zuìjìn hěn máng.

○ 너 바쁘니?
○ 나 정말 바빠.

▷ Nǐ máng ma?
▷ Wǒ tèbié máng.

○ 조금도 바쁘지 않아요.
○ 바빠 죽겠어요.

▷ Yìdiǎnr yě bù máng.
▷ Máng sǐ le.

① 今天忙吗?   ② 最近很忙。   ③ 你忙吗?
④ 我特别忙。   ⑤ 一点儿也不忙。   ⑥ 忙死了。

STEP 06

쓰기 필순에 따라 한자를 써봅시다

| 他
tā
그 | 他 他 他 他 他
他　他 |

| 们
men
~들 | 们 们 们 们 们
们　们 |

| 来
lái
오다 | 来 来 来 来 来 来 来
来　来 |

| 个
gè
개, 명, 사람 | 个 个 个
个　个 |

| 上
shàng
위, 오르다 | 上 上 上
上　上 |

DAY 4

가는 데 얼마나 걸리죠?

▼▼▼▼
학습목표

형용사 长, 短, 远, 近, 冷, 热를 활용한 다양한 표현을 배웁니다.

STEP 01

단어 큰 소리로 단어를 읽어 봅시다

- 暑假 shǔjià 여름방학
- 寒假 hánjià 겨울방학
- 长袖 chángxiù 긴팔
- 衬衫 chènshān 셔츠
- 裤子 kùzi 바지
- 头发 tóufa 머리카락
- 裙子 qúnzi 치마
- 短 duǎn 짧다
- 迷你裙 mínǐqún 미니스커트
- 短袖 duǎnxiù 반팔
- 机场 jīchǎng 공항
- 趁 chèn ~을 틈타
- 凉 liáng 식다
- 热 rè 데우다

STEP 02

문장 큰 소리로 문장을 읽어 봅시다

- 여름방학은 길다.
- 겨울방학이 여름방학보다 길다.
- 이 긴팔 셔츠는 얼마인가요?
- 그의 바지는 너무 길어요.
- 저는 긴 머리를 좋아해요.
- 거기까지 가는 데 얼마나 걸리죠?

▷ Shǔjià hěn cháng.
▷ Hánjià bǐ shǔjià cháng.
▷ Zhège chángxiùshān duōshao qián?
▷ Tā de kùzi tài cháng le.
▷ Wǒ xǐhuan cháng tóufa.
▷ Dào nàr yào duō cháng shíjiān?

① 暑假很长。
② 寒假比暑假长。
③ 这个长袖衬衫多少钱?
④ 他的裤子太长了。
⑤ 我喜欢长头发。
⑥ 到那儿要多长时间?

STEP 03

문장 큰 소리로 문장을 읽어 봅시다

- 네 치마 너무 짧아.
- 이거 미니스커트야.

- 시간이 너무 부족해요.
- 저는 반팔 셔츠를 입었어요.

- 해가 짧아졌다.
- 그는 짧은 머리를 좋아하지 않는다.

▷ Nǐ de qúnzi tài duǎn le.
▷ Zhè shì mínǐqún.

▷ Shíjiān hěn duǎn.
▷ Wǒ chuān le duǎnxiù chènshān.

▷ Tiān duǎn le.
▷ Tā bù xǐhuan duǎn tóufa.

① 你的裙子太短了。 ② 这是迷你裙。 ③ 时间很短。
④ 我穿了短袖衬衫。 ⑤ 天短了。 ⑥ 他不喜欢短头发。

STEP 04

문장 큰 소리로 문장을 읽어 봅시다

- 너희 집 멀어?
- 멀지 않아, 가까워.

- 여기서 멀지 않아요?
- 멀어요.

- 공항은 여기서 얼마나 멀어요?
- 20km요.

▷ Nǐ jiā yuǎn ma?
▷ Bù yuǎn, hěn jìn.

▷ Lí zhèr yuǎn bu yuǎn?
▷ Hěn yuǎn.

▷ Jīchǎng lí zhèr duō yuǎn?
▷ Èrshí gōnglǐ.

① 你家远吗? ② 不远, 很近。 ③ 离这儿远不远?
④ 很远。   ⑤ 机场离这儿多远? ⑥ 20公里。

STEP 05

문장 큰 소리로 문장을 읽어 봅시다

- 오늘은 정말 춥다.
- 나는 하나도 춥지 않다.

- 밖이 추워요. 옷을 좀 더 입어요.

- 오늘은 날씨가 더워요.

- 따뜻할 때 먹어요.
- 요리가 식었어요. 다시 좀 데워 주세요.

▷ Tiānqì zhēn lěng.
▷ Wǒ yìdiǎnr yě bù lěng.

▷ Wàimian hěn lěng, duō chuān diǎnr yīfu ba.

▷ Jīntiān tiānqì hěn rè.

▷ Chèn rè chī.
▷ Cài liáng le, zài rè yi rè.

① 天气真冷。　② 我一点儿也不冷。　③ 外面很冷, 多穿点儿衣服吧。
④ 今天天气很热。　⑤ 趁热吃。　⑥ 菜凉了, 再热一热。

STEP 06 쓰기 필순에 따라 한자를 써봅시다

地 dì 육지, 바닥	地 地 地 地 地 地 地　地

大 dà 크다	大 大 大 大　大

着 zhe ~하고 있다	着 着 着 着 着 着 着 着 着 着 着　着

就 jiù 곧, 즉시	就 就 就 就 就 就 就 就 就 就 就 就 就　就

你 nǐ 너, 당신	你 你 你 你 你 你 你 你　你

DAY 4 가는 데 얼마나 걸리죠? | 37

DAY 5

중국어는 배우기 쉬워요

▼ ▼ ▼ ▼
학습목표

高兴, 漂亮, 贵, 便宜, 难, 容易, 晴, 阴과 색깔을 나타내는 단어를 활용한 다양한 표현을 배웁니다.

STEP 01 단어 큰 소리로 단어를 읽어 봅시다

- 认识 rènshi 알다
- 高兴 gāoxìng 기쁘다
- 东西 dōngxi 물건
- 便宜没好货 piányi méi hǎo huò 싼 게 비지떡
- 颜色 yánsè 색깔
- 黑 hēi 검다
- 脸 liǎn 얼굴
- 红 hóng 붉다
- 海水 hǎishuǐ 바닷물
- 蓝色 lánsè 파란색

- 绿茶 lǜchá 녹차
- 难 nán 어렵다
- 容易 róngyì 쉽다
- 找 zhǎo 찾다
- 考试 kǎoshì 시험을 보다
- 晴 qíng 맑다
- 阴 yīn 흐리다
- 转 zhuǎn 바꾸다

STEP 02

문장 큰 소리로 문장을 읽어 봅시다

- 당신을 알게 되어 기쁩니다.
- 아이들 모두가 아주 즐거워합니다.

- 그들은 기쁜 마음으로 떠났다.
- 그녀는 아름답다.

- 니가 산 건 너무 비싸.
- 싼 게 비지떡이지.

▷ Rènshi nín hěn gāoxìng.
▷ Háizimen dōu fēicháng gāoxìng.

▷ Tāmen gāogao-xìngxìng de zǒu le.
▷ Tā hěn piàoliang.

▷ Nǐ mǎi de dōngxi tài guì le.
▷ Piányi méi hǎo huò.

① 认识您很高兴。　② 孩子们都非常高兴。　③ 他们高高兴兴地走了。
④ 她很漂亮。　⑤ 你买的东西太贵了。　⑥ 便宜没好货。

STEP 03 문장 큰 소리로 문장을 읽어 봅시다

- 무슨 색 셔츠를 좋아하니?
- 나는 흰색 셔츠가 좋아.

- 그의 머리카락은 검다.
- 그의 얼굴이 붉어졌다.

- 바닷물은 파란색입니다.
- 당신은 녹차를 즐겨 마십니까?

- Nǐ xǐhuan shénme yánsè de chènshān?
- Wǒ xǐhuan báisè de chènshān.

- Tā de tóufa hěn hēi.
- Tā de liǎn hóng le.

- Hǎishuǐ shì lánsè de.
- Nǐ xǐhuan hē lǜchá ma?

① 你喜欢什么颜色的衬衫? ② 我喜欢白色的衬衫。 ③ 他的头发很黑。
④ 他的脸红了。 ⑤ 海水是蓝色的。 ⑥ 你喜欢喝绿茶吗?

STEP 04

문장 큰 소리로 문장을 읽어 봅시다

- 중국어 배우기 어렵지 않나요?
- 하나도 어렵지 않아요.

- 중국어는 배우기 쉬워요.
- 좋은 일자리 찾기가 쉽지 않아요.

- 영어는 배우기 어려워요.
- 오늘 시험 쉽지 않나요?

▷ Xué Hànyǔ nán bu nán?
▷ Yìdiǎnr yě bù nán.

▷ Xué Hànyǔ hěn róngyì.
▷ Zhǎo yí ge hǎo gōngzuò bù róngyì.

▷ Yīngyǔ hěn nán xué.
▷ Jīntiān de kǎoshì róngyì bu róngyì?

① 学汉语难不难? ② 一点儿也不难。 ③ 学汉语很容易。
④ 找一个好工作不容易。 ⑤ 英语很难学。 ⑥ 今天的考试容易不容易?

STEP 05

문장 큰 소리로 문장을 읽어 봅시다

○ 오늘은 맑은 날이에요.
○ 하늘이 맑아졌어요.

▷ Jīntiān shì qíngtiān.
▷ Tiān qíng le.

○ 오늘은 흐린 날이에요.
○ 맑다가 흐려져요.

▷ Jīntiān shì yīntiān.
▷ Qíng zhuǎn yīn.

○ 흐리다가 맑아져요.
○ 모두가 흐린 날은 좋아하지 않아요.

▷ Yīn zhuǎn qíng.
▷ Dàjiā dōu bù xǐhuan yīntiān.

① 今天是晴天。　② 天晴了。　③ 今天是阴天。
④ 晴转阴。　　　⑤ 阴转晴。　⑥ 大家都不喜欢阴天。

STEP 06

쓰기 필순에 따라 한자를 써봅시다

说 shuō 말하다	说 说 说 说 说 说 说 说 说
	说　说

到 dào 도착하다	到 到 到 到 到 到 到 到
	到　到

和 hé ~와, ~과	和 和 和 和 和 和 和 和
	和　和

子 zǐ 아들	子 子 子
	子　子

要 yào 필요로 하다	要 要 要 要 要 要 要 要 要
	要　要

DAY 6

엄마는 매일 드라마를 봐요

▼▼▼▼
학습목표

来, 去, 听, 说, 吃, 喝 등 여러 동사를 활용한 다양한 표현을 배웁니다.

STEP 01 단어 큰 소리로 단어를 읽어 봅시다

- 公司 gōngsī 회사
- 快餐厅 kuàicāntīng 패스트푸드점
- 爱 ài ~하기를 좋아하다
- 慢慢儿 mànmānr 천천히
- 遍 biàn 번
- 饺子 jiǎozi 만두
- 粥 zhōu 죽
- 课文 kèwén 본문
- 电视剧 diànshìjù 드라마
- 票 piào 표

- 请客 qǐngkè 대접하다
- 平常 píngcháng 평소
- 跳舞 tiàowǔ 춤을 추다
- 踢足球 tī zúqiú 축구를 하다
- 游泳 yóuyǒng 수영하다

STEP 02 문장 큰 소리로 문장을 읽어 봅시다

- 모두 다 우리 회사로 오나요?
- 우리 어디 가서 식사하나요?

- 우리 패스트푸드점 가는 게 어떨까요?
- 저는 고전음악 듣는 것을 좋아해요.

- 너는 말을 너무 빨리 해. 좀 천천히 말해.
- 다시 한번 말씀해 주세요.

▷ Tāmen dōu lái wǒmen gōngsī ma?
▷ Wǒmen qù nǎr chīfàn?

▷ Wǒmen qù kuàicāntīng zěnmeyàng?
▷ Wǒ ài tīng gǔdiǎnyīnyuè.

▷ Nǐ shuō huà tài kuài le, mànmānr shuō.
▷ Qǐng zài shuō yí biàn.

① 他们都来我们公司吗? ② 我们去哪儿吃饭? ③ 我们去快餐厅怎么样?
④ 我爱听古典音乐。 ⑤ 你说话太快了，慢慢儿说。 ⑥ 请再说一遍。

STEP 03

문장 큰 소리로 문장을 읽어 봅시다

- 1월 1일에는 만두를 먹어요.
- 중국인들은 아침에 죽을 먹어요.

- 저는 커피 말고 차 마시는 걸 좋아해요.
- 우리 같이 본문 읽어요.

- 너희 한자 쓸 줄 아니?
- 쓸 줄 아는데, 예쁘게 쓰지는 못해요.

▷ Yī yuè yī hào chī jiǎozi.
▷ Zhōngguó rén zǎoshang hē zhōu.

▷ Wǒ bú ài hē kāfēi, ài hē chá.

▷ Wǒmen yìqǐ dú kèwén.

▷ Nǐmen huì xiě Hànzì ma?
▷ Huì shi huì, xiě de bù hǎokàn.

① 一月一号吃饺子。 ② 中国人早上喝粥。 ③ 我不爱喝咖啡，爱喝茶。
④ 我们一起读课文。 ⑤ 你们会写汉字吗？ ⑥ 会是会，写得不好看。

STEP 04

문장 큰 소리로 문장을 읽어 봅시다

- 엄마는 매일 드라마를 봐요.
- 네가 본 영화는 볼만하니?

- 내일 만나자!
- 걔가 널 좀 만나보고 싶대.

- 나 표 사러 갈게.
- 살 필요 없어, 내가 살게.

▷ Māmā měitiān kàn diànshìjù.
▷ Nǐ kàn de diànyǐng hǎokàn ma?

▷ Míngtiān jiàn!
▷ Tā xiǎng jiànjian nǐ.

▷ Wǒ qù mǎi piào.
▷ Nǐ bú yòng mǎi, wǒ qǐngkè.

① 妈妈每天看电视剧。　② 你看的电影好看吗？　③ 明天见！
④ 他想见见你。　⑤ 我去买票。　⑥ 你不用买，我请客。

STEP 05

문장 큰 소리로 문장을 읽어 봅시다

- 넌 평소에 뭘 하는 걸 좋아해?
- 나는 노래하는 걸 좋아해.

- 걔는 춤 추는 걸 좋아해.
- 너 축구하는 거 좋아해?

- 저는 수영을 할 줄 몰라요.
- 저는 쉬고 싶어요.

▷ Nǐ píngcháng xǐhuan zuò shénme?
▷ Wǒ xǐhuan chànggē.

▷ Tā xǐhuan tiàowǔ.
▷ Nǐ xǐhuan tī zúqiú ma?

▷ Wǒ bú huì yóuyǒng.
▷ Wǒ xiǎng xiūxi.

① 你平常喜欢做什么?   ② 我喜欢唱歌。   ③ 他喜欢跳舞。
④ 你喜欢踢足球吗?   ⑤ 我不会游泳。   ⑥ 我想休息。

STEP 06

쓰기 필순에 따라 한자를 써봅시다

| 里 lǐ 가운데 | 里 里 里 里 里 里 里 |
| | 里 里 |

| 么 me 무엇 | 么 么 么 |
| | 么 么 |

| 得 de 얻다 | 得 得 得 得 得 得 得 得 得 得 |
| | 得 得 |

| 去 qù 가다 | 去 去 去 去 去 |
| | 去 去 |

| 也 yě ~도, 또한 | 也 也 也 |
| | 也 也 |

DAY 7

나 좀 집에 데려다줄래?

▼▼▼▼
학습목표
―――――――――――――――

두 개의 목적어를 가질 수 있는 동사인 给, 送을 활용한 다양한 표현을 배웁니다.

STEP 01 단어 큰 소리로 단어를 읽어 봅시다

- 给 gěi 주다
- 问题 wèntí 문제
- 机会 jīhuì 기회
- 打电话 dǎ diànhuà 전화를 걸다
- 添麻烦 tiān máfan 폐를 끼치다
- 打算 dǎsuàn ~하려고 하다
- 送 sòng 주다
- 课文 kèwén 본문
- 秘密 mìmì 비밀
- 礼物 lǐwù 선물

- 现金 xiànjīn 현금
- 应该 yīnggāi ~해야 한다
- 机场 jīchǎng 공항
- 医院 yīyuàn 병원

STEP 02 문장 큰 소리로 문장을 읽어 봅시다

- 나한테 이거 줄래?
- 문제 없어, 너한테 줄게.

▷ Nǐ gěi wǒ zhège, hǎo ma?
▷ Méi wèntí, wǒ kěyǐ gěi nǐ.

- 저에게 물 한 잔 줄 수 없나요?
- 그가 당신에게 무엇을 주었죠?

▷ Néng bu néng gěi wǒ yì bēi shuǐ?
▷ Tā gěi le nǐ shénme?

- 할머니는 내게 백 위안을 주셨다.
- 한 번만 기회를 줄 수 없나요?

▷ Nǎinai gěi le wǒ yìbǎi yuán.
▷ Gěi wǒ yí cì jīhuì, hǎo bu hǎo?

① 你给我这个, 好吗? ② 没问题, 我可以给你。 ③ 能不能给我一杯水?
④ 他给了你什么? ⑤ 奶奶给了我一百元。 ⑥ 给我一次机会, 好不好?

STEP 03 문장 큰 소리로 문장을 읽어 봅시다

○ 당신은 누구에게 전화를 거나요?
○ 저는 매일 어머니에게 전화를 겁니다.

○ 넌 나한테 뭘 사 줄 수 있니?
○ 네가 원하는 걸 사 줄게.

○ 죄송합니다. 폐를 끼쳤습니다.
○ 괜찮습니다.

▷ Nǐ gěi shéi dǎ diànhuà ne?
▷ Wǒ měitiān gěi māma dǎ diànhuà.

▷ Nǐ néng gěi wǒ mǎi shénme?
▷ Nǐ yào shénme, wǒ mǎi shénme.

▷ Duìbuqǐ, gěi nín tiān máfan le.
▷ Méi guānxi.

① 你给谁打电话呢？ ② 我每天给妈妈打电话。 ③ 你能给我买什么？
④ 你要什么，我买什么。 ⑤ 对不起，给您添麻烦了。 ⑥ 没关系。

STEP 04

문장 큰 소리로 문장을 읽어 봅시다

- 너 걔한테 뭐 주려고?
- 나 걔한테 뭔가를 주려고.

- 그것은 무엇입니까?
- 말할 수 없는 비밀입니다.

- 내가 아빠 엄마에게 어떤 선물을 드리는 게 좋을까?
- 너 모르는구나? 현금 드려.

▷ Nǐ dǎsuàn sòng tā shénme?
▷ Wǒ dǎsuàn sòng tā yí ge dōngxi.

▷ Nà shì shénme?
▷ Zhè shì bù néng shuō de mìmì.

▷ Wǒ sòng bàba māma shénme lǐwù hǎo?
▷ Nǐ bù zhīdào ma? Sòng xiànjīn ba.

① 你打算送他什么? ② 我打算送他一个东西. ③ 那是什么?
④ 这是不能说的秘密. ⑤ 我送爸爸妈妈什么礼物好? ⑥ 你不知道吗? 送现金吧.

DAY 7 나 좀 집에 데려다줄래? | 59

STEP 05 문장 큰 소리로 문장을 읽어 봅시다

- 나 좀 집에 데려다줄래?
- 시간이 늦었으니까 내가 집에 데려다줘야겠지.

- 내가 공항까지 배웅할게.
- 배웅할 필요 없어, 공항까지는 너무 멀어.

- 나는 아이를 병원에 데려다주었다.
- 나는 당신을 지하철역까지 바래다 줄 겁니다.

▷ Nǐ sòng wǒ huíjiā, hǎo ma?
▷ Shíjiān wǎn le, wǒ yīnggāi sòng nǐ huíjiā.

▷ Wǒ sòng nǐ qù jīchǎng.
▷ Bú yòng sòng le, jīchǎng tài yuǎn le.

▷ Wǒ sòng háizi dào yīyuàn le.
▷ Wǒ yào sòng nǐ qù dìtiězhàn.

① 你送我回家, 好吗? ② 时间晚了, 我应该送你回家。 ③ 我送你去机场。
④ 不用送了, 机场太远了。 ⑤ 我送孩子到医院了。 ⑥ 我要送你去地铁站。

STEP 06 쓰기 필순에 따라 한자를 써봅시다

那 nà 그것, 저것	那 那 那 那 那 那 那　那

会 huì 모이다, 모임	会 会 会 会 会 会 会　会

主 zhǔ 주인	主 主 主 主 主 主　主

时 shí 때, 시대	时 时 时 时 时 时 时 时　时

出 chū 나가다	出 出 出 出 出 出　出

DAY 8

묻고 싶은 게 있어요

학습목표

두 개의 목적어를 가질 수 있는 동사인 告诉, 问을 활용한 다양한 표현을 배웁니다.

STEP 01

단어 큰 소리로 단어를 읽어 봅시다

- 告诉 gàosu 알리다
- 号码 hàomǎ 번호
- 着急 zháojí 조급해하다
- 电子邮件 diànzǐyóujiàn 이메일
- 发短信 fā duǎnxìn 문자를 보내다
- 消息 xiāoxi 소식
- 忘 wàng 잊다
- 姓名 xìngmíng 성명
- 请讲 qǐng jiǎng 말씀하세요
- 问 wèn 묻다
- 年龄 niánlíng 연령

STEP 02

문장 큰 소리로 문장을 읽어 봅시다

- 네 전화번호 알려 줄 수 있어?
- 난 너한테 내 번호 알려 주고 싶지 않은데.
- 왜 그런지 나한테 알려 줄래?
- 서두르지 마, 왜 그런지 알려 줄게.
- 나한테 이메일 주소를 알려 줄 수 있니?
- 좋아, 문자로 알려 줄게.

▷ Nǐ gàosu wǒ nǐ de shǒujī hàomǎ, hǎo ma?
▷ Wǒ bù xiǎng gàosu nǐ wǒ de hàomǎ.

▷ Nǐ gàosu wǒ wèishénme?
▷ Bié zháojí, wǒ gàosu nǐ wèishénme.

▷ Nǐ kěyǐ gàosu wǒ nǐ de diànzǐ yóujiàn ma?
▷ Hǎo, wǒ fā duǎnxìn gàosu nǐ.

① 你告诉我你的手机号码,好吗? ② 我不想告诉你我的号码。 ③ 你告诉我为什么?
④ 别着急,我告诉你为什么。 ⑤ 你可以告诉我你的电子邮件吗? ⑥ 好,我发短信告诉你。

STEP 03 문장 큰 소리로 문장을 읽어 봅시다

- 네가 걔한테 우리 내일 만나자고 대신 얘기해 줘.
- 내가 너한테 좋은 소식 하나 알려 줄게.
- 나 너한테 얘기해 준 적 있는데.
- 잊어버렸어. 다시 한 번 나한테 얘기해 줘.
- 무슨 일이 있는지 나한테 알려 줄래?
- 알려 줄 수 없어.

▷ Nǐ gàosu tā wǒmen míngtiān jiànmiàn.

▷ Wǒ gàosu nǐ yí ge hǎo xiāoxi.

▷ Wǒ gàosuguo nǐ le.

▷ Wǒ wàng le, zài gàosu wǒ yí cì.

▷ Nǐ gàosu wǒ yǒu shénme shì?

▷ Wǒ bù néng gàosu nǐ.

① 你告诉他我们明天见面。 ② 我告诉你一个好消息。 ③ 我告诉过你了。
④ 我忘了, 再告诉我一次。 ⑤ 你告诉我有什么事? ⑥ 我不能告诉你。

STEP 04

문장 큰 소리로 문장을 읽어 봅시다

- 걔가 내 이름 물어본 적 있어.
- 걔한테 알려 줬어?

- 그가 무엇을 물어봤나요?
- 그는 저에게 천안문에 어떻게 가냐고 물어봤어요.

- 당신에게 묻고 싶은 게 있어요.
- 말씀하세요.

▷ Tā wènguo wǒ de xìngmíng.
▷ Nǐ gàosu tā le ma?

▷ Tā wèn nǐ shénme?
▷ Tā wèn wǒ Tiān'ānmén zěnme zǒu.

▷ Wǒ xiǎng wèn nǐ yí ge wèntí.
▷ Qǐng jiǎng.

① 他问过我的姓名。 ② 你告诉他了吗? ③ 他问你什么?
④ 他问我天安门怎么走。 ⑤ 我想问你一个问题。 ⑥ 请讲。

STEP 05

문장 큰 소리로 문장을 읽어 봅시다

- 아이가 엄마에게 몇 시에 돌아오냐고 묻네요.
- 6시에 집에 간다고 알려 줘요.

- 너한테 몇 가지 물어봐도 되니?
- 물어봐. 무슨 일이야?

- 걔가 너한테 내 나이 물어봤어?
- 응, 걔한테 알려 줘도 돼?

▷ Háizi wèn māma jǐ diǎn huílái.

▷ Gàosu tā wǒ liù diǎn huíjiā.

▷ Wǒ wèn nǐ jǐ ge wèntí, kěyǐ ma?

▷ Wèn ba, shénme shì?

▷ Tā wèn nǐ wǒ de niánlíng le?

▷ Shì de, kěyǐ gàosu tā ma?

① 孩子问妈妈几点回来。　② 告诉她我6点回家。　③ 我问你几个问题，可以吗？
④ 问吧，什么事？　⑤ 他问你我的年龄了？　⑥ 是的，可以告诉他吗？

STEP 06 쓰기 필순에 따라 한자를 써봅시다

下 xià 아래	下 下 下 下　下
国 guó 나라	国 国 国 国 国 国 国 国 国　国
过 guo ~한 적이 있다	过 过 过 过 过 过 过　过
为 wèi ~을 위하여	为 为 为 为 为　为
好 hǎo 좋다	好 好 好 好 好 好 好　好

DAY 9

우리 어디로 갈까?

▼▼▼▼
학습목표

上을 활용한 다양한 표현을 배웁니다.

STEP 01 단어 큰 소리로 단어를 읽어 봅시다

- 坐 zuò 타다
- 上班 shàngbān 출근하다
- 出租车 chūzūchē 택시
- 上课 shàngkè 수업하다
- 上 shàng ~로
- 洗手间 xǐshǒujiān 화장실
- 玩儿 wánr 놀다
- 西装 xīzhuāng 양복
- 楼 lóu 층
- 楼上 lóushàng 위층

- 上来 shànglái 올라오다
- 上个月 shàng ge yuè 지난달
- 游乐园 yóulèyuán 놀이공원

STEP 02

문장 큰 소리로 문장을 읽어 봅시다

- 매일 무엇을 타고 출근해요?
- 매일 택시를 타고 출근해요.

- 너는 무슨 수업을 좋아하니?
- 나는 당연히 중국어 수업을 좋아하지.

- 너는 어디로 출근하니?
- 나는 은행으로 출근해.

▷ Měitiān zuò shénme shàngbān?
▷ Měitiān zuò chūzūchē shàngbān.

▷ Nǐ xǐhuan shàng shénme kè?
▷ Wǒ dāngrán xǐhuan shàng Hànyǔ kè.

▷ Nǐ zài nǎr shàngbān?
▷ Wǒ zài yínháng shàngbān.

① 每天坐什么上班? ② 每天坐出租车上班。 ③ 你喜欢上什么课?
④ 我当然喜欢上汉语课。 ⑤ 你在哪儿上班? ⑥ 我在银行上班。

STEP 03 문장 큰 소리로 문장을 읽어 봅시다

- 너 매일 수업에 가니?
- 월, 수, 금에 수업 들으러 가.

- 너 어디 가니?
- 나 화장실 가는데.

- 너는 어디 가서 놀아?
- 나는 친구 집 가서 놀아.

▷ Nǐ měitiān qù shàngkè ma?
▷ Xīngqīyī, sān, wǔ qù shàngkè.

▷ Nǐ shàng nǎr qù?
▷ Wǒ qù xǐshǒujiān.

▷ Nǐ qù nǎr wánr?
▷ Wǒ shàng péngyou jiā wánr.

① 你每天去上课吗? ② 星期一三五去上课。 ③ 你上哪儿去?
④ 我去洗手间。 ⑤ 你去哪儿玩儿? ⑥ 我上朋友家玩儿。

STEP 04 문장 큰 소리로 문장을 읽어 봅시다

- 제가 양복을 사려는데 몇 층으로 가야 하나요?
- 3층으로 가세요.

- 너 어디야?
- 나 위층에 있는데, 네가 올라와.

- 차에 타.
- 좋아, 우리 어디로 갈까?

▷ Wǒ mǎi xīzhuāng, yào shàng jǐ lóu?
▷ Shàng sān lóu.

▷ Nǐ zài nǎr?
▷ Wǒ zài lóushàng, nǐ shànglái ba.

▷ Nǐ shàngchē ba.
▷ Hǎo de, wǒmen qù nǎr?

① 我买西装，要上几楼？ ② 上三楼。 ③ 你在哪儿？
④ 我在楼上，你上来吧。 ⑤ 你上车吧。 ⑥ 好的，我们去哪儿？

DAY 9 우리 어디로 갈까?

STEP 05

문장 큰 소리로 문장을 읽어 봅시다

- 지난주에 상하이에 갔었나요?

- 상하이에 가지 않았어요.

- 지난달에 너 어디에 있었어?

- 지난달에 나 홍콩에 있었어.

- 지난주 일요일에 당신은 무엇을 했나요?

- 지난주 일요일에 나와 아이는 같이 놀이공원에 갔어요.

▷ Shàng ge xīngqī qù Shànghǎi le ma?

▷ Méi qù Shànghǎi.

▷ Shàng ge yuè nǐ zài nǎr?

▷ Shàng ge yuè wǒ zài Xiānggǎng.

▷ Shàng xīngqītiān nǐ zuò shénme le?

▷ Shàng xīngqītiān wǒ hé háizi yìqǐ qù yóulèyuán le.

① 上个星期去上海了吗? ② 没去上海。 ③ 上个月你在哪儿?
④ 上个月我在香港。 ⑤ 上星期天你做什么了? ⑥ 上星期天我和孩子一起去游乐园了。

STEP 06 쓰기 필순에 따라 한자를 써봅시다

看 kàn 보다
看看看看看看看看看
看 看

生 shēng 낳다
生生生生生
生 生

可 kě ~할 만하다
可可可可可
可 可

以 yǐ ~로써
以以以以
以 以

还 hái 아직
还还还还还还还
还 还

DAY 9 우리 어디로 갈까?

DAY 10

너 오늘 퇴근 후에 시간 있니?

▼▼▼▼
학습목표

下를 활용한 다양한 표현을 배웁니다.

STEP 01 단어 큰 소리로 단어를 읽어 봅시다

- 下班 xiàbān 퇴근하다

- 一样 yíyàng 같다

- 以后 yǐhòu 이후

- 王府井 Wángfǔjǐng 왕푸징

- 下车 xiàchē 하차하다

- 下一站 xià yí zhàn 다음 역

- 准备 zhǔnbèi ~하려고 하다

- 楼下 lóuxià 아래층

- 下楼 xiàlóu 아래층으로 내려가다

- 下个星期 xià ge xīngqī 다음 주

STEP 02 문장 큰 소리로 문장을 읽어 봅시다

- 매일 몇 시에 퇴근해요?
- 매일 달라요.

- 몇 시에 수업이 끝나요?
- 오늘 오후 5시에 수업이 끝나요.

- 너 오늘 퇴근 후에 시간 있니?
- 오늘은 바쁘고, 내일은 시간 있어요.

▷ Měitiān jǐ diǎn xiàbān?
▷ Měitiān bù yíyàng.

▷ Jǐ diǎn xiàkè?
▷ Jīntiān xiàwǔ wǔ diǎn xiàkè.

▷ Nǐ jīntiān xiàbān yǐhòu yǒu shíjiān ma?
▷ Jīntiān hěn máng, míngtiān yǒu shíjiān.

① 每天几点下班? ② 每天不一样。 ③ 几点下课?
④ 今天下午五点下课。 ⑤ 你今天下班以后有时间吗? ⑥ 今天很忙, 明天有时间。

STEP 03

문장 큰 소리로 문장을 읽어 봅시다

○ 왕푸징에 가려면 어디서 내려야 하나요?

○ 왕푸징 역에서 내리세요.

○ 다음 역이 왕푸징 역이에요.

○ 우리 내릴 준비해요.

○ 당신도 내리나요?

○ 저도 내려요.

▷ Qù Wángfǔjǐng zài nǎr xiàchē?

▷ Zài Wángfǔjǐng zhàn xiàchē.

▷ Xià yí zhàn shì Wángfǔjǐng zhàn.

▷ Wǒmen zhǔnbèi xiàchē.

▷ Nín xiàchē ma?

▷ Wǒ yě xiàchē.

① 去王府井在哪儿下车？ ② 在王府井站下车。 ③ 下一站是王府井站。
④ 我们准备下车。 ⑤ 您下车吗？ ⑥ 我也下车。

STEP 04 문장 큰 소리로 문장을 읽어 봅시다

- 그녀가 아래층에 있으니 빨리 아래층으로 내려가.
- 급하지 않아. 그녀는 날 기다릴거야.

- 너 위층에 있니 아래층에 있니?
- 나 아래층에 있어. 네가 내려와.

- 오늘은 눈이 왔어요.
- 내일은 비가 올 겁니다.

▷ Tā zài lóuxià, nǐ kuài diǎnr xiàlóu.

▷ Bù zháojí, tā huì děng wǒ de.

▷ Nǐ zài lóushàng háishi lóuxià?

▷ Wǒ zài lóuxià, nǐ xiàlái ba.

▷ Jīntiān xiàxuě le.

▷ Míngtiān huì xiàyǔ.

① 她在楼下，你快点儿下楼。 ② 不着急，她会等我的。 ③ 你在楼上还是楼下？
④ 我在楼下，你下来吧。 ⑤ 今天下雪了。 ⑥ 明天会下雨。

STEP 05

문장 큰 소리로 문장을 읽어 봅시다

- 다음 주에 어디 가나요?
- 다음 주에 나는 아무 데도 가지 않아요.

- 다음 주 토요일이 네 생일 아니야?
- 아니야, 내 생일은 다음 주 일요일이야.

- 우리는 언제 중국에 가죠?
- 다음 달에 가요.

▷ Xià ge xīngqī qù nǎr?
▷ Xià ge xīngqī wǒ nǎr yě bú qù.

▷ Xià xīngqīliù shì bu shì nǐ de shēngrì?
▷ Bú shì, wǒ de shēngrì shì xià xīngqītiān.

▷ Wǒmen shénme shíhou qù Zhōngguó?
▷ Xià ge yuè qù.

① 下个星期去哪儿? ② 下个星期我哪儿也不去。 ③ 下星期六是不是你的生日?
④ 不是, 我的生日是下星期天。 ⑤ 我们什么时候去中国? ⑥ 下个月去。

STEP 06

쓰기 필순에 따라 한자를 써봅시다

学 xué 배우다	学 学 学 学 学 学 学 学 学　学
起 qǐ 일어나다	起 起 起 起 起 起 起 起 起 起 起　起
都 dōu 모두, 다	都 都 都 都 都 都 都 都 都 都 都　都
年 nián 해, 년	年 年 年 年 年 年 年　年
小 xiǎo 작다	小 小 小 小　小

DAY 10 너 오늘 퇴근 후에 시간 있니? | 85

DAY 11

주말에 뭐했어?

학습목표

了를 활용한 다양한 표현을 배웁니다.

STEP 01 단어 큰 소리로 단어를 읽어 봅시다

- 秘密 mìmì 비밀
- 商场 shāngchǎng 쇼핑몰
- 条 tiáo 벌
- 牛仔裤 niúzǎikù 청바지
- 冬天 dōngtiān 겨울
- 过得好 guò de hǎo 잘 지내다
- 胖 pàng 뚱뚱하다·살찌다
- 公斤 gōngjīn 킬로그램
- 夏天 xiàtiān 여름
- 秋天 qiūtiān 가을
- 枫叶 fēngyè 단풍잎
- 比萨饼 bǐsàbǐng 피자
- 家务 jiāwù 집안일

STEP 02 문장 큰 소리로 문장을 읽어 봅시다

- 무엇을 먹었나요?
- 우리는 중국요리를 먹었어요.

- 어제 무슨 영화를 보았나요?
- 저는 어제 '말할 수 없는 비밀'을 봤어요.

- 쇼핑몰에 가서 무엇을 샀나요?
- 저는 청바지를 하나 샀어요.

▷ Nǐmen chī shénme le?
▷ Wǒmen chī zhōngguócài le.

▷ Zuótiān nǐ kàn shénme diànyǐng le?
▷ Zuótiān wǒ kàn bù néng shuō de mìmì le.

▷ Nǐ qù shāngchǎng mǎi shénme le?
▷ Wǒ mǎi le yì tiáo niúzǎikù.

① 你们吃什么了?   ② 我们吃中国菜了。   ③ 昨天你看什么电影了?
④ 昨天我看 "不能说的秘密" 了。   ⑤ 你去商场买什么了?   ⑥ 我买了一条牛仔裤。

STEP 03 문장 큰 소리로 문장을 읽어 봅시다

- 그는 잘 지내요?
- 많이 좋아졌어요.

- 겨울이 왔어요.
- 맞아요, 날이 추워졌어요.

- 너 잘 지내는 것처럼 보이네.
- 요새 3kg이 쪘어.

▷ Tā hǎo le ma?
▷ Tā hǎo duō le.

▷ Dōngtiān lái le.
▷ Duì, tiānqì lěng le.

▷ Wǒ kàn nǐ guò de hěn hǎo.
▷ Zuìjìn pàng le sān gōngjīn.

① 他好了吗?　　② 他好多了。　　③ 冬天来了。
④ 对, 天气冷了。　　⑤ 我看你过得很好。　　⑥ 最近胖了三公斤。

STEP 04

문장 큰 소리로 문장을 읽어 봅시다

- 너 올해 몇 살이지?
- 저 올해 스무 살이요.

- 날씨가 더워요!
- 여름이 되었잖아요!

- 가을이 되었어요.
- 맞아요, 단풍잎이 모두 붉어졌어요.

▷ Nǐ jīnnián duō dà le?
▷ Wǒ jīnnián èrshí suì le.

▷ Tiānqì hěn rè ya!
▷ Xiàtiān le ma!

▷ Qiūtiān le.
▷ Duì, fēngyè dōu hóng le.

① 你今年多大了?   ② 我今年20岁了。   ③ 天气很热呀!
④ 夏天了嘛!   ⑤ 秋天了。   ⑥ 对, 枫叶都红了。

STEP 05

문장 큰 소리로 문장을 읽어 봅시다

- 나는 피자 세 조각을 먹었다.
- 나는 바지를 두 벌 샀다.

- 너 주말에 뭐했니?
- 나 친구랑 밥 먹었어.

- 너 어제 집에서 뭐했니?
- 나 집에서 집안일 했어.

▷ Wǒ chī le sān kuài bǐsàbǐng.

▷ Wǒ mǎi le liǎng tiáo kùzi.

▷ Nǐ zhōumò zuò shénme le?

▷ Wǒ gēn péngyou yìqǐ chīfàn le.

▷ Nǐ zuótiān zài jiā zuò shénme le?

▷ Wǒ zài jiā zuò jiāwù le.

① 我吃了三块比萨饼。　② 我买了两条裤子。　③ 你周末做什么了?
④ 我跟朋友一起吃饭了。　⑤ 你昨天在家做什么了?　⑥ 我在家做家务了。

STEP 06

쓰기 필순에 따라 한자를 써봅시다

| 没 méi ~한 적이 없다 | 没没没没没没没 |
| | 没　没 |

| 能 néng 능력 | 能能能能能能能能能能 |
| | 能　能 |

| 多 duō 많다 | 多多多多多多 |
| | 多　多 |

| 天 tiān 하늘, 하루 | 天天天天 |
| | 天　天 |

| 工 gōng 노동 | 工工工 |
| | 工　工 |

DAY 11 주말에 뭐했어? | 93

DAY 12

중국에 가본 적 있나요?

▼▼▼▼
학습목표
___
过, 着를 활용한 다양한 표현을 배웁니다.

STEP 01 단어 큰 소리로 단어를 읽어 봅시다

- 羊肉串 yángròuchuàn 양꼬치
- 有意思 yǒu yìsi 재미있다
- 遍 biàn 번
- 欧洲 Ōuzhōu 유럽
- 次 cì 번
- 着 zhe ~하고 있다
- 灰色 huīsè 회색
- 办公室 bàngōngshì 사무실
- 灯 dēng 등
- 亮 liàng 밝다

- 躺 tǎng 눕다

STEP 02 문장 큰 소리로 문장을 읽어 봅시다

- 중국에 가본 적 있나요?
- 저는 중국에 가본 적이 없어요.

- 양꼬치 먹어 봤어?
- 당연히 먹어 봤지.

- 중국영화를 본 적 있나요?
- 본 적 있어요, 중국영화 재미있어요.

▷ Nǐ qùguo Zhōngguó ma?
▷ Wǒ méi qùguo Zhōngguó.

▷ Nǐ chīguo yángròuchuàn ma?
▷ Dāngrán chīguo.

▷ Nǐ kànguo zhōngguódiànyǐng ma?
▷ Kànguo, zhōngguódiànyǐng hěn yǒu yìsi.

① 你去过中国吗?   ② 我没去过中国。   ③ 你吃过羊肉串吗?
④ 当然吃过。   ⑤ 你看过中国电影吗?   ⑥ 看过, 中国电影很有意思。

STEP 03 문장 큰 소리로 문장을 읽어 봅시다

- 너 이 영화 몇 번 봤어?
- 나 이 영화 세 번 봤어.

- 일본에 가본 적 있어요?
- 저는 네 번 가보았어요.

- 유럽에 가본 적 있어요?
- 저는 한 번도 가보지 않았어요.

▷ Zhège diànyǐng nǐ kànguo jǐ biàn?
▷ Zhège diànyǐng wǒ kànguo sān biàn.

▷ Nǐ qùguo Rìběn ma?
▷ Wǒ qùguo sì cì.

▷ Nǐ qù méi qùguo Ōuzhōu?
▷ Wǒ yí cì yě méi qùguo.

① 这个电影你看过几遍? ② 这个电影我看过三遍。 ③ 你去过日本吗?
④ 我去过四次。 ⑤ 你去没去过欧洲? ⑥ 我一次也没去过。

STEP 04

문장 큰 소리로 문장을 읽어 봅시다

- 여기서 기다려.
- 응, 나 여기서 너 기다리고 있을게.

- 어떤 색깔의 옷을 입고 계신가요?
- 저는 회색 양복을 입고 있어요.

- 사무실의 등이 켜져 있어요.
- 제가 사람이 있는지 없는지 가서 좀 볼게요.

▷ Nǐ zài zhèr děngzhe.
▷ Hǎo, wǒ zài zhèr děng nǐ.

▷ Nín chuānzhe shénme yánsè de yīfu?
▷ Wǒ chuānzhe huīsè xīzhuāng.

▷ Bàngōngshì lǐ de dēng liàngzhe.
▷ Wǒ qù kànkan yǒu méiyǒu rén.

① 你在这儿等着。 ② 好, 我在这儿等你。 ③ 您穿着什么颜色的衣服？
④ 我穿着灰色西装。 ⑤ 办公室里的灯亮着。 ⑥ 我去看看有没有人。

STEP 05

문장 큰 소리로 문장을 읽어 봅시다

○ 문이 열려 있나요?
○ 열려 있어요!

○ 네 남동생은 뭐하니?
○ 그는 누워서 TV 보고 있어요.

○ 밖에 비 오니?
○ 응, 밖에 비 와.

▷ Mén kāizhe ma?
▷ Kāizhe ne!

▷ Nǐ dìdi gàn shénme ne?
▷ Tā tǎngzhe kàn diànshì.

▷ Wàibian xiàzhe yǔ ma?
▷ Duì, wàibian xiàzhe yǔ.

① 门开着吗?   ② 开着呢!   ③ 你弟弟干什么呢?
④ 他躺着看电视。   ⑤ 外边下着雨吗?   ⑥ 对, 外边下着雨。

STEP 06 쓰기 필순에 따라 한자를 써봅시다

| 家 jiā 집 | 家家家家家家家家家家 |
| | 家 家 |

| 把 bǎ 잡다 | 把把把把把把把 |
| | 把 把 |

| 动 dòng 움직이다 | 动动动动动动 |
| | 动 动 |

| 用 yòng 사용하다 | 用用用用用 |
| | 用 用 |

| 对 duì 대하다 | 对对对对对 |
| | 对 对 |

DAY 13

걔 남자친구 있어?

학습목표

是, 有를 활용한 다양한 표현을 배웁니다.

STEP 01 단어 큰 소리로 단어를 읽어 봅시다

- 手机 shǒujī 핸드폰

- 药 yào 약

- 职员 zhíyuán 직원

- 汽车 qìchē 자동차

- 男朋友 nánpéngyou 남자친구

- 男的朋友 nán de péngyou 남사친
  '남자 사람 친구'를 줄여서 부르는 말로, '남자인 친구'를 뜻함

- 不知道 bù zhīdào 모른다

- 性格 xìnggé 성격

- 所以 suǒyǐ 그래서

STEP 02

문장 큰 소리로 문장을 읽어 봅시다

- 이거 뭐야?
- 이거 내 핸드폰이야.

- 저건 뭐예요?
- 저건 그녀의 약이에요.

- 당신은 그녀의 언니입니까?
- 네, 저는 그녀의 언니입니다.

▷ Zhè shì shénme?
▷ Zhè shì wǒ de shǒujī.

▷ Nà shì shénme?
▷ Nà shì tā de yào.

▷ Nǐ shì tā de jiějie ma?
▷ Shì, wǒ shì tā de jiějie.

① 这是什么? ② 这是我的手机。 ③ 那是什么?
④ 那是她的药。 ⑤ 你是她的姐姐吗? ⑥ 是, 我是她的姐姐。

STEP 03 문장 큰 소리로 문장을 읽어 봅시다

- 이게 가장 좋은 건가요?
- 이게 가장 좋은 건 아닙니다.

- 그분이 너희 회사 사장님이야?
- 그분은 사장이 아니고 직원이야.

- 저거 네 거야?
- 저거 내 거 아니야.

▷ Zhè shì zuì hǎo de ma?
▷ Zhè bú shì zuì hǎo de.

▷ Tā shì nǐmen gōngsī de lǎobǎn ma?
▷ Tā bú shì lǎobǎn, shì yí ge zhíyuán.

▷ Nà shì nǐ de ma?
▷ Nà bú shì wǒ de.

① 这是最好的吗? ② 这不是最好的。 ③ 他是你们公司的老板吗?
④ 他不是老板, 是一个职员。 ⑤ 那是你的吗? ⑥ 那不是我的。

STEP 04

문장 큰 소리로 문장을 읽어 봅시다

- 당신 자동차 있나요?
- 저는 자동차가 없어요.

- 걔 남친 있어?
- 걔 남친은 없고, 남사친만 있어.

- 사무실에 사람 있어요?
- 사람이 있는지 저는 잘 모르겠어요.

▷ Nǐ yǒu qìchē ma?
▷ Wǒ méiyǒu qìchē.

▷ Tā yǒu nánpéngyou ma?
▷ Tā méiyǒu nánpéngyou, yǒu nán de péngyou.

▷ Bàngōngshì lǐ yǒu rén ma?
▷ Wǒ bù zhīdào yǒu méiyǒu rén.

① 你有汽车吗?   ② 我没有汽车。   ③ 她有男朋友吗?
④ 他没有男朋友, 有男的朋友。   ⑤ 办公室里有人吗?   ⑥ 我不知道有没有人。

STEP 05

문장 큰 소리로 문장을 읽어 봅시다

- 나는 돈이 없는데, 너는 있니?
- 나도 돈 없어.

- 당신은 아이가 있나요?
- 저는 아이가 둘 있어요. 하나는 여자아이고, 하나는 남자아이예요.

- 그는 성격이 좋지 않아요.
- 그래서 그는 친구가 한 명도 없어요.

▷ Wǒ méiyǒu qián, nǐ yǒu qián ma?
▷ Wǒ yě méiyǒu qián.

▷ Nǐ yǒu háizi ma?
▷ Wǒ yǒu liǎng ge háizi. Yí ge shì nǚhái'r, yí ge shì nánhái'r.

▷ Tā de xìnggé bù hǎo.
▷ Suǒyǐ tā yí ge péngyou yě méiyǒu.

① 我没有钱, 你有钱吗? ② 我也没有钱。
③ 你有孩子吗? ④ 我有两个孩子。一个是女孩儿, 一个是男孩儿。
⑤ 他的性格不好。 ⑥ 所以他一个朋友也没有。

STEP 06 쓰기 필순에 따라 한자를 써봅시다

| 中 zhōng 한가운데 | 中中中中 |
| | 中　中 |

| 作 zuò 만들다 | 作作作作作作作 |
| | 作　作 |

| 自 zì 자신 | 自自自自自自 |
| | 自　自 |

| 发 fā 보내다 | 发发发发发 |
| | 发　发 |

| 又 yòu 또, 또한 | 又又 |
| | 又　又 |

DAY 13 걔 남자친구 있어? | 109

DAY 14

밥 먹고 있어요

▼▼▼▼
학습목표
___

在를 활용한 다양한 표현을 배웁니다.

STEP 01 단어 큰 소리로 단어를 읽어 봅시다

- 书店 shūdiàn 서점

- 右边 yòubian 오른쪽

- 旁边 pángbiān 옆

- 住 zhù 살다·머물다

- 叫 jiào 부르다

- 稍 shāo 조금·약간

- 身边 shēnbiān 주변·곁

- 想 xiǎng 그립다·보고 싶다

STEP 02 문장 큰 소리로 문장을 읽어 봅시다

- 너 어디야?
- 나 회사에 있어.

▷ Nǐ zài nǎr?
▷ Wǒ zài gōngsī.

- 상점은 어디 있나요?
- 상점은 서점 오른쪽에 있어요.

▷ Shāngdiàn zài nǎr?
▷ Shāngdiàn zài shūdiàn de yòubian.

- 그는 네 옆에 있니?
- 제 옆에 없어요, 어디 있는지 모르겠어요.

▷ Tā zài nǐ de pángbiān ma?
▷ Bú zài wǒ de pángbiān, bù zhīdào tā zài nǎr.

① 你在哪儿? ② 我在公司。 ③ 商店在哪儿?
④ 商店在书店的右边。 ⑤ 他在你的旁边吗? ⑥ 不在我的旁边, 不知道他在哪儿。

STEP 03

문장 큰 소리로 문장을 읽어 봅시다

- 이거 어디서 산 거야?
- 이거 신화서점에서 산 거야.

- 어디서 일해요?
- 저는 학교에서 일해요.

- 여기서 얼마나 살았나요?
- 저는 벌써 1년을 살았네요.

▷ Zhè shì zài nǎr mǎi de?
▷ Zhè shì zài Xīnhuáshūdiàn mǎi de.

▷ Nǐ zài nǎr gōngzuò?
▷ Wǒ zài xuéxiào gōngzuò.

▷ Nǐ zài zhèr zhù le duō cháng shíjiān le?
▷ Wǒ yǐjīng zhù le yìnián le.

① 这是在哪儿买的? ② 这是在新华书店买的。 ③ 你在哪儿工作?
④ 我在学校工作。 ⑤ 你在这儿住了多长时间了? ⑥ 我已经住了一年了。

STEP 04 문장 큰 소리로 문장을 읽어 봅시다

- 왜 그를 부르지 않아요?
- 조금만 기다리세요, 그는 통화중이에요!

▷ Wèishénme bú jiào tā?
▷ Shāo děng, tā zài dǎ diànhuà ne!

- 지금 뭐해요?
- 저 밥 먹고 있어요!

▷ Nǐ xiànzài gàn shénme ne?
▷ Wǒ zài chīfàn ne!

- 밖에 아직 눈이 내리나요?
- 눈이 아직도 내리고 있어요.

▷ Wàibian hái xiàxuě ma?
▷ Xuě hái zài xiàzhe.

---

① 为什么不叫他? ② 稍等, 他在打电话呢! ③ 你现在干什么呢?
④ 我在吃饭呢! ⑤ 外边还下雪吗? ⑥ 雪还在下着。

STEP 05

문장 큰 소리로 문장을 읽어 봅시다

- 그는 위층에 있어요?
- 위층에 있지 않아요, 아래층에 있어요.

- 걔 아래층에서 뭐해?
- 뭐하고 있는지 나도 몰라.

- 당신이 제 곁에 없네요.
- 당신은 제가 그립나요?

▷ Tā zài lóushàng ma?
▷ Bú zài lóushàng, zài lóuxià.

▷ Tā zài lóuxià gàn shénme?
▷ Wǒ yě bù zhīdào tā zài gàn shénme.

▷ Nǐ bú zài wǒ shēnbiān.
▷ Nǐ xiǎng wǒ ma?

① 他在楼上吗? ② 不在楼上, 在楼下。 ③ 他在楼下干什么?
④ 我也不知道他在干什么。 ⑤ 你不在我身边。 ⑥ 你想我吗?

STEP 06

쓰기 필순에 따라 한자를 써봅시다

同 tóng 같다	同同同同同同 同　同

民 mín 백성, 국민	民民民民民 民　民

面 miàn 얼굴	面面面面面面面面 面　面

想 xiǎng 생각하다	想想想想想想想想想想想想 想　想

样 yàng 모양, 모습	样样样样样样样样样 样　样

DAY 14 밥 먹고 있어요

DAY 15

좀 싸게 해줄 수 없나요?

▼ ▼ ▼ ▼
학습목표
___

很, 最, 太, 只를 활용한 다양한 표현을 배웁니다.

STEP 01 단어 큰 소리로 단어를 읽어 봅시다

- 自行车 zìxíngchē 자전거

- 好听 hǎotīng 듣기 좋다

- 帅 shuài 잘생기다

- 聪明 cōngming 똑똑하다

- 可爱 kě'ài 귀엽다

- 成绩 chéngjì 성적

- 哈尔滨 Hā'ěrbīn 하얼빈

- 美 měi 아름답다

- 只 zhǐ 단지·다만

STEP 02

문장 큰 소리로 문장을 읽어 봅시다

- 당신의 자전거는 예뻐요.
- 그가 부르는 노래는 듣기 좋아요.

▷ Nǐ de zìxíngchē hěn piàoliang.
▷ Tā chàng de gē hěn hǎotīng.

- 네 남자친구 잘생겼다.
- 그는 똑똑한 아이예요.

▷ Nǐ de nánpéngyou hěn shuài.
▷ Tā shì yí ge hěn cōngming de háizi.

- 당신 집은 회사에서 멀어요?
- 저희 집은 회사에서 가까워요.

▷ Nǐ jiā lí gōngsī yuǎn ma?
▷ Wǒ jiā lí gōngsī hěn jìn.

① 你的自行车很漂亮。 ② 他唱的歌很好听。 ③ 你的男朋友很帅。
④ 他是一个很聪明的孩子。 ⑤ 你家离公司远吗? ⑥ 我家离公司很近。

STEP 03 문장 큰 소리로 문장을 읽어 봅시다

- 엄마가 만든 요리가 가장 맛있어요.
- 내 여자친구가 가장 귀여워요.

- 누구 성적이 가장 좋아요?
- 그의 성적이 가장 좋아요.

- 어느 게 가장 좋은 거에요?
- 가장 좋은 것은 바로 그의 것이에요.

▷ Māma zuò de cài zuì hǎochī.
▷ Wǒ de nǚpéngyou zuì kě'ài.

▷ Shéi de chéngjì zuì hǎo ne?
▷ Tā de chéngjì zuì hǎo.

▷ Nǎ ge shì zuì hǎo de?
▷ Zuì hǎo de jiùshì tā de.

① 妈妈做的菜最好吃。 ② 我的女朋友最可爱。 ③ 谁的成绩最好呢？
④ 他的成绩最好。 ⑤ 哪个是最好的？ ⑥ 最好的就是他的。

STEP 04

문장 큰 소리로 문장을 읽어 봅시다

- 하얼빈의 겨울은 매우 춥다.
- 우리는 옷을 많이 준비해야 한다.

▷ Hā'ěrbīn de dōngtiān tài lěng le.
▷ Wǒmen yào zhǔnbèi hěn duō yīfu.

- 이건 너무 비싸요.
- 좀 싸게 해줄 수 없나요?

▷ Zhège tài guì le.
▷ Néng bu néng piányi yìdiǎnr?

- 정말 감사 드려요.
- 서울의 봄은 정말 아름다워요.

▷ Tài gǎnxiè nín le.
▷ Shǒu'ěr de chūntiān tài měi le.

① 哈尔滨的冬天太冷了。 ② 我们要准备很多衣服。 ③ 这个太贵了。
④ 能不能便宜一点儿？ ⑤ 太感谢您了。 ⑥ 首尔的春天太美了。

STEP 05

문장 큰 소리로 문장을 읽어 봅시다

- 중국에 가본 적 있나요?
- 저는 딱 한 번 가봤어요.

- 내가 벌써 몇 번을 말했니?
- 나는 네가 딱 한 번 말했던 걸로 기억하는데.

- 너는 몇 번 봤어?
- 나 딱 한 번 봤어.

▷ Nǐ qùguo Zhōngguó ma?
▷ Wǒ zhǐ qùguo yí cì.

▷ Wǒ yǐjīng shuō le duōshao biàn ne?
▷ Wǒ jì de nǐ zhǐ shuō le yí biàn.

▷ Nǐ kàn le jǐ cì?
▷ Wǒ zhǐ kàn le yí cì.

① 你去过中国吗? ② 我只去过一次。 ③ 我已经说了多少遍呢?
④ 我记得你只说了一遍。 ⑤ 你看了几次? ⑥ 我只看了一次。

STEP 06 쓰기 필순에 따라 한자를 써봅시다

成 chéng 완성하다	成 成 成 成 成 成 成　成

义 yì 정의	义 义 义 义　义

后 hòu 다음	后 后 后 后 后 后 后　后

她 tā 그녀	她 她 她 她 她 她 她　她

头 tóu 머리	头 头 头 头 头 头　头

DAY 15 좀 싸게 해줄 수 없나요?

DAY 16

배고파 죽겠어요

▼▼▼▼
학습목표

정도를 나타내는 多了, 死了, 极了를 활용한 다양한 표현을 배웁니다.

STEP 01

단어 큰 소리로 단어를 읽어 봅시다

- 听说 tīngshuō 듣자니·듣건대
- 生病 shēngbìng 병이 나다
- 身体 shēntǐ 몸·건강
- 堵车 dǔchē 차가 막히다
- 饿 è 배고프다
- 瓶 píng 병
- 矿泉水 kuàngquánshuǐ 생수
- 渴 kě 목마르다
- 结果 jiéguǒ 결과
- 气 qì 화나다

- 及格 jígé 합격하다
- 味道 wèidao 맛
- 风景 fēngjǐng 풍경
- 不错 bú cuò 좋다
- 肯定 kěndìng 분명·확실히
- 方便 fāngbiàn 편리하다

STEP 02

문장 큰 소리로 문장을 읽어 봅시다

- 너 요새 바빠?
- 예전보다 많이 바빠졌어.

- 너 아프다며?
- 지금은 몸이 많이 좋아졌어.

- 이 시간에는 지하철을 타는 게 좋아요, 아니면 택시를 타는 게 좋아요?
- 차가 막혀서 지하철을 타는 게 택시 타는 것보다 훨씬 빨라요.

▷ Nǐ zuìjìn máng ma?
▷ Bǐ yǐqián máng duō le.

▷ Tīngshuō nǐ shēngbìng le?
▷ Xiànzài wǒ de shēntǐ hǎo duō le.

▷ Zhège shíjiān zuò dìtiě hǎo háishi zuò chūzūchē hǎo?
▷ Dǔ chē, zuò dìtiě bǐ zuò chūzūchē kuài duō le.

---

① 你最近忙吗?
② 比以前忙多了。
③ 听说你生病了?
④ 现在我的身体好多了。
⑤ 这个时间坐地铁好还是坐出租车好?
⑥ 堵车，坐地铁比坐出租车快多了。

STEP 03

문장 큰 소리로 문장을 읽어 봅시다

- 너 밥 먹었니?
- 아침도 먹지 못해서 배고파 죽겠어.

- 얼른 생수 한 병 줘. 목말라 죽겠어.

- 좀 기다려. 내가 사러 갈게.

- 시험 결과는 나왔나요?
- 화나 죽겠어요. 또 불합격이요.

▷ Nǐ chīfàn le ma?

▷ Zǎofàn yě méi chī, è sǐ le.

▷ Kuài gěi wǒ yì píng kuàngquánshuǐ, kě sǐ le.

▷ Shāo děng, wǒ qù mǎi.

▷ Kǎoshì jiéguǒ chūlái le ma?

▷ Qì sǐ wǒ le, yòu bù jígé.

① 你吃饭了吗？ ② 早饭也没吃, 饿死了。 ③ 快给我一瓶矿泉水, 渴死了。
④ 稍等, 我去买。 ⑤ 考试结果出来了吗？ ⑥ 气死我了, 又不及格。

STEP 04

문장 큰 소리로 문장을 읽어 봅시다

- 맛있나요?
- 맛이 끝내줘요.

- 그는 분명히 무척 기뻐할 겁니다.
- 무슨 좋은 일 있나요?

- 이곳의 경치는 매우 아름다워요.
- 좋아요.

▷ Hǎochī ma?
▷ Wèidao hǎo jí le.

▷ Tā yídìng gāoxìng jí le.
▷ Yǒu shénme shìqing?

▷ Zhèlǐ de fēngjǐng hǎokàn jí le.
▷ Bú cuò.

① 好吃吗?   ② 味道好极了。   ③ 他一定高兴极了。
④ 有什么事情?   ⑤ 这里的风景好看极了。   ⑥ 不错。

STEP 05

문장 큰 소리로 문장을 읽어 봅시다

○ 내일 시간 없어요?

○ 없어요. 요새 너무 바빠요.

▷ Míngtiān yǒu méiyǒu shíjiān?

▷ Méiyǒu, zuìjìn máng jí le.

○ 걔 분명 기뻐서 어쩔 줄 모를 걸?

○ 무슨 좋은 소식 있어?

▷ Tā kěndìng gāoxìng sǐ le.

▷ Yǒu shénme hǎo xiāoxi ma?

○ 차가 있으면 편리하죠?

○ 당연히 훨씬 편리하죠.

▷ Yǒu chē hěn fāngbiàn ba?

▷ Dāngrán fāngbiàn duō le.

① 明天有没有时间? ② 没有, 最近忙极了。 ③ 他肯定高兴死了。
④ 有什么好消息吗? ⑤ 有车很方便吧? ⑥ 当然方便多了。

STEP 06

쓰기 필순에 따라 한자를 써봅시다

经 jīng 거치다	经 经 经 经 经 经 经 经 经 经
产 chǎn 낳다	产 产 产 产 产 产 产 产
道 dào 길	道 道 道 道 道 道 道 道 道 道 道 道 道 道
十 shí 십	十 十 十 十
什 shén 무엇	什 什 什 什 什 什

DAY 17

준비됐나요?

▼▼▼▼
학습목표

希望, 准备, 开始, 正在를 활용한 다양한 표현을 배웁니다.

STEP 01 단어 큰 소리로 단어를 읽어 봅시다

- 希望 xīwàng 바라다·희망하다
- 帮助 bāngzhù 돕다
- 一定要 yídìng yào 반드시~하다
- 原谅 yuánliàng 이해하다·용서하다
- 正在 zhèngzài ~하는 중이다
- 期末考试 qīmò kǎoshì 기말고사
- 旅游 lǚyóu 여행하다
- 出发 chūfā 출발하다
- 开始 kāishǐ 시작하다
- 新学期 xīn xuéqī 신학기
- 教室 jiàoshì 교실
- 住院 zhùyuàn 입원하다

STEP 02

문장 큰 소리로 문장을 읽어 봅시다

- 당신이 저를 도와줬으면 좋겠어요.
- 무슨 일이에요, 말해보세요.

- 나는 네가 베이징에 가서 중국어를 배우길 바라.
- 꼭 베이징에 가야 해요?

- 나는 네가 나랑 같이 가줬으면 좋겠어.
- 이해해 주세요, 저는 안 가요.

▷ Wǒ xīwàng nǐ néng bāngzhù wǒ.

▷ Yǒu shénme shìr, shuō ba.

▷ Wǒ xīwàng nǐ qù Běijīng xué Hànyǔ.

▷ Yídìng yào qù Běijīng ma?

▷ Wǒ xīwàng nǐ gēn wǒ yìqǐ qù.

▷ Yuánliàng wǒ, wǒ bú qù.

① 我希望你能帮助我。　② 有什么事儿，说吧。　③ 我希望你去北京学汉语。
④ 一定要去北京吗？　⑤ 我希望你跟我一起去。　⑥ 原谅我，我不去。

STEP 03 문장 큰 소리로 문장을 읽어 봅시다

- 그는 지금 무엇을 하고 있나요?
- 기말고사를 준비하고 있어요.

- 너 언제 중국여행 가?
- 나 내년에 여행 가려고.

- 준비됐나요?
- 준비됐어요, 우리 출발해요.

▷ Tā xiànzài zài gàn shénme?
▷ Tā zhèngzài zhǔnbèi qīmò kǎoshì.

▷ Nǐ shénme shíhou qù Zhōngguó lǚyóu?
▷ Wǒ zhǔnbèi míngnián qù lǚyóu.

▷ Nǐ zhǔnbèi hǎo le ma?
▷ Zhǔnbèi hǎo le, wǒmen chūfā.

① 他现在在干什么? ② 他正在准备期末考试。 ③ 你什么时候去中国旅游?
④ 我准备明年去旅游。 ⑤ 你准备好了吗? ⑥ 准备好了, 我们出发。

STEP 04

문장 큰 소리로 문장을 읽어 봅시다

- 우리 몇 시에 수업 시작해?
- 우리 오후 1시부터 수업이야.

- 며칠부터 출근하세요?
- 저는 3일부터 출근해요.

- 새 학기가 시작되었어요.
- 시간이 정말 빨리 가요.

▷ Wǒmen jǐ diǎn kāishǐ shàngkè?
▷ Wǒmen xiàwǔ yī diǎn kāishǐ shàngkè.

▷ Nǐ jǐ hào kāishǐ shàngbān?
▷ Wǒ sān hào kāishǐ shàngbān.

▷ Xīn xuéqī kāishǐ le.
▷ Shíjiān guò de zhēn kuài.

① 我们几点开始上课?   ② 我们下午1点开始上课。   ③ 你几号开始上班?
④ 我3号开始上班。   ⑤ 新学期开始了。   ⑥ 时间过得真快。

STEP 05

문장 큰 소리로 문장을 읽어 봅시다

○ 이 교실에 사람 있어?

○ 교실에서 수업 중이네.

○ 왕 과장님은 오늘 어째서 출근하지 않았어요?

○ 왕 과장님은 입원해 있어요.

○ 그는 무엇을 하고 있나요?

○ 그는 TV를 보고 있어요.

▷ Zhège jiàoshì lǐ yǒu rén ma?

▷ Jiàoshì lǐ zhèngzài shàngkè.

▷ Wáng kēzhǎng jīntiān zěnme bú shàngbān?

▷ Wáng kēzhǎng zhèngzài zhùyuàn.

▷ Tā zhèngzài zuò shénme?

▷ Tā zhèngzài kàn diànshì.

① 这个教室里有人吗?　② 教室里正在上课。　③ 王科长今天怎么不上班?
④ 王科长正在住院。　⑤ 他正在做什么?　⑥ 他正在看电视。

STEP 06 쓰기 필순에 따라 한자를 써봅시다

| 进 jìn 나가다 | 进进进进进进进 |
| | 进 进 |

| 心 xīn 심장 | 心心心心 |
| | 心 心 |

| 现 xiàn 나타나다 | 现现现现现现现现 |
| | 现 现 |

| 然 rán 그러하다 | 然然然然然然然然然然然然 |
| | 然 然 |

| 只 zhǐ 다만 | 只只只只只 |
| | 只 只 |

DAY 18

천천히 가세요!

▼▼▼▼
학습목표
___
정도를 나타내는 得를 활용한 다양한 표현을 배웁니다.

STEP 01 단어 큰 소리로 단어를 읽어 봅시다

- 只 zhī 마리
- 老虎 lǎohǔ 호랑이
- 跑 pǎo 뛰다
- 夸 kuā 칭찬하다
- 还可以 hái kěyǐ 그런대로 괜찮다·그저 그렇다
- 尝 cháng 맛보다
- 唱 chàng 노래하다
- 好 hǎo ~하기 쉽도록

STEP 02

문장 큰 소리로 문장을 읽어 봅시다

- 호랑이 두 마리, 호랑이 두 마리, 빨리 달려요, 빨리 달려요.
- 그는 빨리 달려요.

- 너 중국어 잘한다.
- 칭찬하지 마, 그다지 잘하지 못해.

- 오빠는 빨리 걸어요.
- 언니는 느리게 걸어요.

▷ Liǎng zhī lǎohǔ, liǎng zhī lǎohǔ, pǎo de kuài, pǎo de kuài.
▷ Tā pǎo de hěn kuài.

▷ Nǐ shuō Hànyǔ shuō de hěn hǎo.
▷ Bié kuā wǒ, shuō de bú tài hǎo.

▷ Gēge zǒu de kuài.
▷ Jiějie zǒu de màn.

① 两只老虎，两只老虎，跑得快，跑得快。 ② 他跑得很快。 ③ 你说汉语说得很好。
④ 别夸我，说得不太好。 ⑤ 哥哥走得快。 ⑥ 姐姐走得慢。

DAY 18 천천히 가세요!

STEP 03 문장 큰 소리로 문장을 읽어 봅시다

- 너는 밥을 너무 빨리 먹어.
- 내가 빨리 먹는다고?

- 너 한자 잘 쓰네.
- 그저 그렇지.

- 그는 요리를 잘 해서 모두가 그의 요리를 좋아해요.
- 그럼 저도 가서 맛 좀 봐야겠어요.

▷ Nǐ chīfàn chī de tài kuài le.
▷ Wǒ chī de kuài ma?

▷ Nǐ xiě Hànzì xiě de hǎo.
▷ Hái kěyǐ ba.

▷ Tā zuòcài zuò de hěn hǎo, dàjiā dōu xǐhuan chī tā zuò de cài.
▷ Nà wǒ yě qù cháng yi cháng.

① 你吃饭吃得太快了。　② 我吃得快吗?　③ 你写汉字写得好。
④ 还可以吧。　⑤ 他做菜做得很好, 大家都喜欢吃他做的菜。　⑥ 那我也去尝一尝。

STEP 04

문장 큰 소리로 문장을 읽어 봅시다

- 네 여동생은 노래 잘해?
- 내 여동생은 노래 잘해.

- 저녁은 어땠어요, 잘 드셨나요?
- 아주 좋았어요, 잘 먹었어요.

- 어제 저녁 잘 주무셨나요?
- 잘 잤습니다.

▷ Nǐ mèimei chànggē chàng de zěnmeyàng?
▷ Wǒ mèimei chàng de hěn hǎo.

▷ Wǎnfàn zěnmeyàng, chī de hǎo ma?
▷ Hěn bú cuò, chī de hěn hǎo.

▷ Zuótiān wǎnshang shuì de hǎo ma?
▷ Shuì de hěn hǎo.

① 你妹妹唱歌唱得怎么样? ② 我妹妹唱得很好。 ③ 晚饭怎么样,吃得好吗?
④ 很不错,吃得很好。 ⑤ 昨天晚上睡得好吗? ⑥ 睡得很好。

STEP 05

문장 큰 소리로 문장을 읽어 봅시다

- 얼른 뛰어!
- 얼른 먹어!

- 천천히 가세요!
- 쓰기 쉽다.

- 부르기 쉽다.
- 맛있다.

▷ Kuài pǎo!

▷ Kuài chī!

▷ Màn zǒu!

▷ Hǎoxiě.

▷ Hǎochàng.

▷ Hǎochī.

① 快跑! ② 快吃! ③ 慢走!
④ 好写。 ⑤ 好唱。 ⑥ 好吃。

STEP 06 쓰기 필순에 따라 한자를 써봅시다

种 zhǒng 종류	种种种种种种种种种 种 种

老 lǎo 늙다	老老老老老老 老 老

事 shì 일	事事事事事事事事 事 事

从 cóng 따르다	从从从从 从 从

分 fēn 나누다	分分分分 分 分

DAY 19

제 여자친구는 저보다 키가 커요

▼▼▼▼
학습목표

비교 표현을 활용한 다양한 문장을 배웁니다.

STEP 01 단어 큰 소리로 단어를 읽어 봅시다

- 完全 wánquán 완전히

- 觉得 juéde ~라고 느끼다·~라고 생각하다

- 妻子 qīzi 아내

- 丈夫 zhàngfu 남편

- 地位 dìwèi 지위·위치

- 骑自行车 qí zìxíngchē 자전거를 타다

- 重 zhòng 무겁다

- 小时 xiǎoshí 시간

- 没有 méiyǒu ~만 못하다

- 条件 tiáojiàn 조건

STEP 02 문장 큰 소리로 문장을 읽어 봅시다

- 내 거랑 네 거랑 똑같아?
- 완전히 똑같아.

- 너는 이 색깔과 저 색깔이 같다고 생각해?
- 완전히 다르지.

- 집에서 아내와 남편의 지위가 같아요?
- 완전히 같지는 않아요.

▷ Wǒ de hé nǐ de yíyàng ma?
▷ Wánquán yíyàng.

▷ Nǐ juéde zhège yánsè gēn nàge yánsè yíyàng ma?
▷ Wánquán bù yíyàng.

▷ Jiā lǐ qīzi hé zhàngfu de dìwèi yíyàng ma?
▷ Bù wánquán yíyàng.

① 我的和你的一样吗? ② 完全一样。 ③ 你觉得这个颜色跟那个颜色一样吗?
④ 完全不一样。 ⑤ 家里妻子和丈夫的地位一样吗? ⑥ 不完全一样。

STEP 03

문장 큰 소리로 문장을 읽어 봅시다

- 네가 나보다 키가 커.
- 그가 나보다 나이가 많아.

- 이건 저것보다 좋아.
- 걔가 너보다 빨리 뛰어.

- 올해 것이 작년 것보다 더 많아요.
- 가끔씩은 자전거를 타는 게 차를 타는 것보다 더 빨라요.

▷ Nǐ bǐ wǒ gāo.
▷ Tā bǐ wǒ dà.

▷ Zhège bǐ nàge hǎo.
▷ Tā bǐ nǐ pǎo de kuài.

▷ Jīnnián de bǐ qùnián de gèng duō.
▷ Yǒushíhòu, qí zìxíngchē bǐ zuò chē gèng kuài.

① 你比我高。
② 他比我大。
③ 这个比那个好。
④ 他比你跑得快。
⑤ 今年的比去年的更多。
⑥ 有时候，骑自行车比坐车更快。

STEP 04

문장 큰 소리로 문장을 읽어 봅시다

- 그는 나보다 나이가 좀 많다.
- 남동생은 나보다 세 살이 어리다.

- 제 여자친구는 저보다 키가 커요.
- 그의 중국어 실력이 저보다 조금 더 나아요.

- 이게 저것보다 1kg 무거워요.
- 그는 나보다 한 시간 늦게 왔어요.

▷ Tā bǐ wǒ dà yìdiǎnr.
▷ Dìdi bǐ wǒ xiǎo sān suì.

▷ Wǒ nǚpéngyou bǐ wǒ gāo.
▷ Tā de Hànyǔ bǐ wǒ hǎo yìdiǎnr.

▷ Zhège bǐ nàge zhòng yì gōngjīn.
▷ Tā bǐ wǒ wǎn lái yí ge xiǎoshí.

① 他比我大一点儿。　② 弟弟比我小三岁。　③ 我女朋友比我高。
④ 他的汉语比我好一点儿。　⑤ 这个比那个重一公斤。　⑥ 他比我晚来一个小时。

STEP 05 문장 큰 소리로 문장을 읽어 봅시다

- 오늘 추워요?
- 오늘은 어제보다 춥지 않아요.

- 누가 중국어를 더 잘해요?
- 저는 그 분만큼 중국어를 잘하지 못해요.

- 걔는 어때?
- 걔는 조건이 너보다 좋지 않아.

▷ Jīntiān lěng ma?
▷ Jīntiān méiyǒu zuótiān lěng.

▷ Shéi shuō Hànyǔ shuō de gèng hǎo?
▷ Wǒ méiyǒu tā shuō Hànyǔ shuō de hǎo.

▷ Tā zěnmeyàng?
▷ Tā de tiáojiàn méiyǒu nǐ hǎo.

① 今天冷吗? ② 今天没有昨天冷。 ③ 谁说汉语说得更好?
④ 我没有他说汉语说得好。 ⑤ 他怎么样? ⑥ 他的条件没有你好。

STEP 06 쓰기 필순에 따라 한자를 써봅시다

| 前 qián 앞 | 前 前 前 前 前 前 前 前 前 |
| | 前 前 |

| 些 xiē 조금 | 些 些 些 些 些 些 些 些 |
| | 些 些 |

| 点 diǎn 점, 시 | 点 点 点 点 点 点 点 点 点 |
| | 点 点 |

| 开 kāi 열다 | 开 开 开 开 |
| | 开 开 |

| 而 ér ~지만 | 而 而 而 而 而 而 |
| | 而 而 |

DAY 20

한입만 먹어도 될까요?

▼ ▼ ▼ ▼
학습목표
___

让, 叫를 활용한 다양한 표현을 배웁니다.

STEP 01 단어 큰 소리로 단어를 읽어 봅시다

- 让 ràng ~로 하여금 ~하게 하다

- 久 jiǔ 오랫동안

- 安全 ānquán 안전하다

- 一口 yìkǒu 한입

- 吃掉 chīdiào 먹어 치우다

- 叫 jiào 부르다

- 可能 kěnéng ~일 것이다

- 迟到大王 chídào dàwáng 지각대장

- 因为 yīnwèi 왜냐하면

- 常常 chángcháng 늘

- 做作业 zuò zuòyè 숙제를 하다

STEP 02 문장 큰 소리로 문장을 읽어 봅시다

- 죄송해요, 오래 기다리셨죠.
- 괜찮습니다.

- 누가 너한테 이거 사래?
- 엄마가 나한테 사라고 했어.

- 쟤도 보고 싶어 하잖아. 쟤한테도 좀 보여 줘.
- 나는 쟤한테 보여 주고 싶지 않은데.

▷ Duìbuqǐ, ràng nǐ jiǔ děng le.
▷ Méiguānxi.

▷ Zhè shì shéi ràng nǐ mǎi de?
▷ Shì māma ràng wǒ mǎi de.

▷ Tā yě xiǎng kàn, ràng tā kàn yíxià.
▷ Wǒ bù xiǎng ràng tā kàn.

① 对不起，让你久等了。 ② 没关系。 ③ 这是谁让你买的?
④ 是妈妈让我买的。 ⑤ 他也想看，让他看一下。 ⑥ 我不想让他看。

STEP 03

문장 큰 소리로 문장을 읽어 봅시다

- 그녀는 중국에 무척 가고 싶어 하는데 그녀에게 가라고 하세요.
- 그녀 혼자 가는 건 안전하지 않아요.

- 한입만 먹어도 돼?
- 다 먹어.

- 뭐라고 말하라고요?
- 당신은 말할 필요 없어요.

▷ Tā hěn xiǎng qù Zhōngguó, ràng tā qù ba.
▷ Tā yí ge rén qù bù ānquán.

▷ Néng ràng wǒ chī yìkǒu ma?
▷ Dōu chīdiào ba.

▷ Nǐ ràng wǒ shuō shénme?
▷ Nǐ bú yòng shuō.

① 她很想去中国，让她去吧。 ② 她一个人去不安全。 ③ 能让我吃一口吗？
④ 都吃掉吧。 ⑤ 你让我说什么？ ⑥ 你不用说。

STEP 04 문장 큰 소리로 문장을 읽어 봅시다

- 누가 나 불렀어?
- 선생님이 널 불렀어.

- 자고 있어, 시간 되면 내가 널 부를게.
- 좋아, 꼭 나를 불러 줘야 해.

- 쟤 지금 누구 부르는 거야?
- 너 부르는 거 같은데.

▷ Shì shéi jiào wǒ de?
▷ Shì lǎoshī jiào nǐ de.

▷ Nǐ shuì ba, dào shíjiān wǒ jiào nǐ.
▷ Hǎo ba, yídìng yào jiào wǒ.

▷ Tā zài jiào shéi?
▷ Kěnéng zài jiào nǐ.

① 是谁叫我的? ② 是老师叫你的。 ③ 你睡吧, 到时间我叫你。
④ 好吧, 一定要叫我。 ⑤ 他在叫谁? ⑥ 可能在叫你。

STEP 05 문장 큰 소리로 문장을 읽어 봅시다

- 이름이 뭐예요?
- 저는 김철수입니다.

- 우리 모두 그를 '지각대장'이라고 부릅니다.
- 왜냐하면 그는 늘 지각하거든요.

- 선생님이 우리에게 숙제를 하라고 하신다.
- 정말 하고 싶지 않다.

▷ Nǐ jiào shénme míngzi?
▷ Wǒ jiào JīnZhéxiù.

▷ Wǒmen dōu jiào tā chídào dàwáng.
▷ Yīnwèi tā chángcháng chídào.

▷ Lǎoshī jiào wǒmen zuò zuòyè.
▷ Zhēn bù xiǎng zuò.

① 你叫什么名字？ ② 我叫金哲秀。 ③ 我们都叫他"迟到大王"。
④ 因为他常常迟到。 ⑤ 老师叫我们做作业。 ⑥ 真不想做。

STEP 06 쓰기 필순에 따라 한자를 써봅시다

很 hěn 매우	很很很很很很很很很
	很 很

方 fāng 방향	方方方方
	方 方

于 yú ~에	于于于
	于 于

行 xíng 실행하다	行行行行行行
	行 行

长 cháng 길다	长长长长
	长 长

차이나하우스

TEL 02-2636-6271 FAX 0505-300-6271 E-mail whayeo@hanmail.net

홍상욱 프로필

- 수원과학대학교 관광비즈니스과 조교수
- EBS 라디오 〈중국 중국어〉 집필 및 진행
- TBS 〈별난 중국어〉 진행
- YTN RADIO 〈신인류 문화기행, 중국〉 진행
- 저서 『나는 50문장으로 중국출장 간다』, 『나는 50문장으로 중국무역 한다』,
  『신속배달 중국어』 등 다수

입이 트이는 중국어 ③

ⓒ EBS, 차이나하우스 2017

2017년 2월 15일 초판 인쇄
2017년 2월 20일 초판 발행

| 기　획 | 류남이·차공근·이정은
| 지은이 | 홍상욱
| 펴낸이 | 안우리
| 펴낸곳 | 차이나하우스

| 편　집 | 신효정
| 디자인 | 이주현·강명희
| 등　록 | 제 303-2006-00026호
| 주　소 | 서울시 영등포구 영등포동 8가 56-2
| 전　화 | 02-2636-6271　팩　스 | 0505-300-6271
| 이메일 | whayeo@hanmail.net
| ISBN | 979-11-85882-31-4 13720

값: 8,300원

이 책은 저작권법에 따라 보호받는 저작물이므로 무단전재와 무단복제를 금지하며 이 책의 내용물 전부 또는 일부를 이용하려면 반드시 저작권자인 EBS와 차이나하우스의 서면 동의를 받아야 합니다. 잘못 만들어진 책은 구입한 곳에서 바꿔드립니다.